# NOTICE

# NÉCROLOGIQUE

# NOTICE
# NÉCROLOGIQUE

SUR

## M. ANDRÉ TOUCAS

Président de la Commission de Statistique pour le canton de Solliès-Pont

MEMBRE FONDATEUR DE LA SOCIÉTÉ DE STATISTIQUE DE PARIS

Membre du Comice agricole de Toulon, etc.

---

**TOULON**
IMPRIMERIE HYACINTHE VINCENT, RUE NEUVE, 20

1863

# NOTICE NÉCROLOGIQUE

## SUR M. ANDRÉ TOUCAS

Président de la Commission de Statistique pour le canton de Solliès-Pont

MEMBRE FONDATEUR DE LA SOCIÉTÉ DE STATISTIQUE DE PARIS

Membre du Comice agricole de Toulon, etc.

---

S'il est un homme à qui la Religion, la Science et les Lettres doivent un tribut de profonds regrets, c'est assurément M. Joseph-André Toucas, dont nous déplorons aujourd'hui amèrement la mort.

Les plus heureuses dispositions sont prêtes à s'altérer si une éducation religieuse ne vient les cultiver. Le cœur humain est le foyer de toutes les aspirations, mais n'est-il pas important pour nous qu'elles soient dirigées vers un noble but?

C'est sous la bienfaisante influence de pareils principes que se développa la jeunesse de M. Toucas, et chacun de nous sait combien ses procédés furent délicats; combien ses efforts pour le bien, dans toutes les positions de sa vie, furent chaleureux; combien il fut dévoué à l'infortune. Il n'est aucun de ses ouvrages qui ne révèle un riche fonds de piété et un amour sincère de la religion. Mais qu'il fut loin de ce fanatisme et de cette intolérance qui repoussent...! Il comprenait trop son siècle pour ne pas être intimement convaincu que la vérité est puissante d'elle-même et que la douceur, la modération la font encore mieux accueillir que la passion, les injures ou la violence.

L'aménité de ses manières, jointe à une parole insinuante et grave, savait ramener la paix dans les familles et les préserver de ces fâcheux procès qui atteignent souvent la réputation en ébranlant la fortune.

Que de malheurs ont été par lui soulagés! que de misères adoucies par ses générosités, que de larmes et d'égarements épargnés par ses sages conseils! Aussi, sa perte a-t-elle été un deuil et une calamité pour son pays entier, auquel il semblait vouloir vouer les derniers moments de sa vie.

Mais si la religion avait fécondé son cœur, la science et les lettres avaient fertilisé son esprit. On peut dire qu'il marqua ses premiers pas dans la vie littéraire comme dans la vie publique, en remplissant les fonctions de secrétaire du commissaire d'un vaisseau de guerre sous le premier empire. Dans ce modeste emploi, il sut signaler son zèle, et bien que son énergie et son talent lui valussent de flatteurs éloges, la mer et un service ingrat qui absorbait tous ses instants, ne devaient pas convenir à un homme dont les facultés demandaient un plus libre essor. Le dégoût des voyages l'arracha au commissariat de la marine et le porta à embrasser le commerce, où sa loyauté, sa pénétration, son activité le placèrent très-haut dans l'estime et l'amitié d'un homme capable de les apprécier (1).

Elu maire de Solliès-Toucas, sa ville natale, sous la Restauration, et plusieurs fois, plus tard, membre du Conseil d'Arrondissement, il ne perdit point de vue ce qui était le plus conforme à ses goûts : l'agriculture devint une de ses plus chères préoccupations. S'appliquer à la prospérité de l'agriculture, c'est travailler au bien-être des masses, en leur procurant une plus facile satisfaction des besoins physiques de la vie; c'est hâter les progrès de la civilisation, c'est faire le plus noble emploi de ses facultés. « L'agriculture, dit avec un sens profond un savant économiste, est la source des richesses, de toutes les jouissances de la vie matérielle, le rouage essentiel de la machine politique, liée aux premiers intérêts de la société, la cause de la grandeur et de la

---

(1) M. Camille Aguillon. Il suffit de le nommer.

décadence des nations. Ses phases historiques sont celles de la civilisation. »

M. Toucas, éclairé par sa haute raison, le comprit, et fit bientôt de cette branche l'objet constant de tous ses soins. On peut affirmer que le département honorait en lui un des agronomes les plus distingués (1).

Il y a quelques années, il publiait un parallèle entre l'agriculture de la France et celle de l'Angleterre, et des juges compétents surent admirer dans ce travail de rares connaissances, un patient labeur, de consciencieuses investigations et un solide jugement.

Membre du Comice agricole de Toulon, membre correspondant de la Société des Sciences, Arts et Belles-Lettres de notre ville, président de la Commission de Statistique pour le canton de Solliès-Pont, après avoir été un des premiers fondateurs de la Société de Statistique de Paris (2), il portait partout le concours de ses lumières, de son bon vouloir et de

---

(1) L'agriculture lui doit quelques innovations utiles : c'est lui qui a introduit l'emploi des tourteaux de graines oléagineuses comme engrais, le semage du blé à sillons, etc. Plusieurs de ses publications portent sur la culture de l'olivier et la fabrication des huiles dans le Midi.

(2) On sait que cette Société compte dans son sein les premières illustrations scientifiques de la France et de l'étranger.

sa longue expérience. Qui niera que ses nombreuses études sur les phénomènes météorologiques, ses observations sur les choses, les hommes et les temps, observations judicieuses qui savaient captiver les lecteurs les plus difficiles de l'*Union du Var* et du *Toulonnais*, n'attestent l'infatigable ardeur de son esprit, l'immense variété de ses connaissances, son inaltérable dévoûment au bien public (1)?

L'âge n'avait rien ôté à la verdeur de son talent, comme il n'avait point atténué les élans de son cœur. On eût dit qu'il voulait doubler ses derniers jours en multipliant ses bonnes œuvres et ses travaux intellectuels. Aussi, n'avait-il eu garde de refuser ses vives sympathies au *Propagateur du Var*, dont il était devenu le zélé partisan, le soutien le plus éclairé, comme il en était un des collaborateurs les plus actifs. Son étude sur l'*Origine de la Langue provençale* témoigne d'une vaste érudition. Son article sur les *Unions consanguines* fait honneur à la droiture de son esprit et à son désir intense de contribuer à l'amélioration sociale. Son *Dictionnaire comparatif* de la langue provençale avec les autres langues allait être achevé, si la mort, qui devrait toujours ralen-

(1) À ce titre, M. André Toucas avait obtenu plusieurs mentions honorables, des médailles même, du ministre de l'agriculture; et l'année dernière, la médaille d'or dont il avait été honoré, faisait espérer que bientôt il serait l'objet d'une plus haute distinction.

tir son pas devant les natures d'élite, n'était venue briser la plume de notre ami.

Que de fois des lettres intimes, où l'esprit le plus pétillant le disputait à la bienveillance la plus exquise, sont venues ranimer notre courage éprouvé par tant d'ennuis et lassé par tant de sacrifices !

Sa belle âme ne savait mettre sous sa plume que l'éloge d'autrui; son effacement complet nous eût fait oublier l'autorité de son âge, l'étendue de ses connaissances, le mérite de ses labeurs, si nous ne savions qu'il n'est donné qu'aux hommes supérieurs d'être modestes (1).

(1) Nous publions ici le fragment suivant pour donner une idée du tour spirituel et original de notre collaborateur. Quant aux éloges qu'il nous prodigue, il ne nous en coûte point de nous en reconnaître indigne; il faut moins les attribuer à un sentiment de flatterie qu'à une bonté sans bornes :

« Au milieu des loisirs forcés que me laisse, cher Monsieur, une longue indisposition, j'ai lu avidement et avec beaucoup d'intérêt la nouvelle livraison du *Propagateur* de septembre. Comme les précédentes, je ne puis m'empêcher de le redire, dût votre modestie en souffrir : elle est animée, élucidée par votre immense talent. Rien de plus remarquable que les articles de vos érudits collaborateurs et les vôtres (la *Femme*, le *Mouvement*, etc.). A ce propos, cher Monsieur, que devient mon pauvre *Argent* (article destiné au *Propagateur du Var*)? Il se rouille dans vos cartons. Je désire que vos lecteurs ne se souviennent pas de

Il avait déjà parcouru une longue carrière, mais ses mœurs simples et douces, la gaîté de son caractère, la vivacité de son esprit toujours fécond, la force d'un tempérament sain, semblaient nous garantir qu'à l'âge de soixante-seize ans il était encore loin d'atteindre à cet inévitable affaissement, à cette funeste décomposition avant-coureur d'une mort certaine.

Le 1er septembre il réclamait, dans le *Toulonnais*, des modifications dans le service postal du canton de Solliès-Pont et rendait un éclatant hommage au mérite et à la distinction d'une jeune directrice à laquelle on l'avait à tort cru hostile dans un article précédent (1). C'est

quelques lignes *laudatives* que vous lui donniez dans votre Revue au mois d'octobre 1862, page 473 S'ils s'en souviennent, ils croiront que cet *argent* n'a pas été trouvé de bon aloi. Dans ce cas, veuillez, à l'occasion, me renvoyer le manuscrit, si mieux vous n'aimez le purger de son alliage en le passant au creuset de votre infaillible jugement. Plus tard, vous trouvâtes l'article un peu trop sérieux ; mais songez que sa matière (l'argent) plaît à tout le monde. Le *Propagateur* de septembre a un article *Cimetière*. Si le fond n'est pas gai, la forme en est du plus touchant intérêt. Mon *Argent* aurait-il le défaut contraire ? C'est possible. Néanmoins, cher Monsieur, l'idée que je combattais (la licence de l'usure) n'est pas abandonnée. On est, de nos jours, si avide de s'enrichir, n'importe comment ! »

(1) Mlle Eugénie Testanière a reçu d'autres témoignages publics, expression sincère de toute une population (*Messager de Provence, Avenir d'Hyères*);

aussi vers le même temps qu'il nous écrivait mille gracieuses choses où se mêlait l'espoir de jours meilleurs (1). Cependant le mal progressait, et prévenu par les appréhensions de tous ceux qui l'aimaient, nous voulûmes le voir une dernière fois. Notre entrevue fut des plus saisissantes. Oh! comme il était changé! A cette vue, nos larmes mal contenues débordèrent, l'émotion nous enchaîna la langue, et le vénérable vieillard, presque anéanti, brisé dans son lit comme le vieux chêne sur lequel l'ouragan a passé, nous sortit sa main tremblante que nous pressâmes avec une douleur concentrée. Ce touchant adieu devait être pour nous le dernier! Et douze jours après, M. André Toucas était à jamais enlevé à la société qu'il charmait par son savoir, à ses innombrables

mais aucun suffrage n'a dû plus la toucher que celui d'un homme aussi respectable à tous égards et à portée d'apprécier ses hautes qualités.

(1) « Merci à vous, cher Monsieur, merci à la bonne Madame... de votre aimable invitation pour le 10 sept... Je souffre depuis deux mois (fièvre, éruption cutanée, etc.); et puis, à mon âge, on est déplacé au milieu de gais convives, malgré la distinction de manières et l'indulgence qu'on est assuré de trouver chez vous et parmi les gens de votre choix. Ainsi donc, cher Monsieur, l'abstention est forcée en cette circonstance, et vous voudrez bien nous excuser. Une autre fois, je ne dis pas non, que ce soit en grand ou en petit comité. »

(*Cette lettre était datée du 29 août; or, c'est vers la fin du mois de septembre* 1863 *que M. Toucas a succombé*).

amis qui connaissaient son cœur, aux gens d'élite qui appréciaient son esprit, aux malheureux dont il était la ressource assurée, aux lettres qu'il honorait par son caractère et enfin à une famille désolée dont il faisait le bonheur.

Noble et précieux ami! le tombeau renferme votre dépouille mortelle; mais votre belle âme jouit assurément, dans le ciel, du fruit de vos vertus. Qu'elle daigne nous sourire, à nous qui demeurons encore quelques instants sur cette terre, semée de tant d'écueils et de tant de périls.

D. Rossi,

**Directeur** du *Propagateur du Var*,

Membre de plusieurs sociétés savantes, etc.

www.ingramcontent.com/pod-product-compliance
Lightning Source LLC
Chambersburg PA
CBHW070436080426
42450CB00031B/2669